Les quelques années de paix que l'**Espagne** vient de traverser ont largement suffi pour régénérer le pays et pour activer le développement de ses richesses commerciales et industrielles.

Au point de vue financier, la tâche a été rendue plus facile encore par l'habileté et les connaissances spéciales de M. Camacho, homme de labeur et de dévouement, le premier ministre d'Espagne qui soit entré au gouvernement avec un plan complet, et qui réunisse d'aussi sérieuses qualités d'économiste et un esprit de suite d'une incontestable valeur.

Malgré l'opposition systématique des Catalans protectionnistes, en dépit des difficultés sans nombre que l'on rencontre partout, et surtout en Espagne, lorsqu'il s'agit de faire disparaître des abus enracinés de longue date, M. Camacho est venu à bout de tous les obstacles. Les protectionnistes ont reculé, les embarras de toutes sortes ont disparu progressivement, et maintenant les impôts rentrent, et les recettes de tout genre augmentent dans la plus large proportion.

Un fait entre mille prouve la vérité de ce que nous avançons : On s'attendait à ce que le mois de juin 1882 serait désastreux pour les douanes, par cette raison que, les nouveaux tarifs devant diminuer sensiblement les droits d'entrée, les importateurs attendraient leur mise en vigueur, et, par suite, retarderaient leurs opérations. Or, les douanes ont produit, comme recettes, en juin 1882, 500,000 francs de plus qu'en juin 1881.

Et si nous passons maintenant à la question primordiale, à la conversion de la rente extérieure, cette conversion est acceptée en principe par tous les marchés étrangers ; l'activité des commissions des finances espagnoles établies à Londres, à Paris et à Amsterdam en fait foi. Le plus grand nombre des titres est présenté, à l'heure qu'il est, à l'échange. Cela est si vrai que, si le Ministre des finances prorogeait à une date plus éloignée le délai actuellement accordé jusqu'au 15 août, ce serait une générosité inutile.

Si nous nous plaçons au point de vue des charges de l'État, le résultat de la conversion sera tel qu'en l'année 1882, après la révolution de 1868, après les guerres carlistes, les insurrections cantonale et coloniale, malgré tous les emprunts que les gouvernements qui se sont succédé ont dû contracter pour faire face à leurs besoins et obligations, la Dette espagnole devient moins considérable en capital aujourd'hui qu'en 1868.

Quelques chiffres à l'appui :

La dette publique en circulation, à
la fin du mois de juin 1868, se
montait à . . . . Pesetas   5,458,377,957 18
La nouvelle dette 4 o/o, après réalisa-
tion de la conversion totale, s'élève
à Pesetas. . .   4,127,000,000   »
Et l'amortissable à   1,800,000,000   »
    Ensemble   5,927,000,000   »

Différence apparente en plus pour la
dette actuelle . . . . . . Pesetas   468,622,042 82

Nous disons *apparente*, car il faut tenir compte de
la dette flottante et des découverts du trésor, qui s'éle-
vaient, en 1868, à plus de 500 millions de pesetas. Or,
il n'existe actuellement aucune espèce de dette du Trésor;
donc, le capital de la dette de l'État, après la conversion,
sera inférieur au chiffre que représentaient et la dette et
les découverts du Trésor. Cette situation financière,
aussi satisfaisante que possible, offre toutes les chances
désirables de fixité et de durée. Quels événements
pourraient la modifier? En fait de politique, aucun bou-
leversement n'est à craindre de longtemps. Il est un
principe reconnu de tous : Les pays qui travaillent et
qui prospèrent sont facilement gouvernés. Alphonse XII,
quoique très jeune, a acquis une maturité exceptionnelle
et une grande expérience de la vie politique et gouver-
nementale. Il a beaucoup voyagé, beaucoup appris. Aussi,

plus habile que sa mère Isabelle II, il n'a pas fermé la porte aux partis libéraux : ce sont précisément ceux qui ont fait la révolution de 1868 et qui ont coopéré au renvoi de la reine Isabelle qui sont au pouvoir avec le fils. Il fera ainsi, pour retarder l'avènement de la république, autant que la division des républicains eux-mêmes.

Cette perspective de prospérité ne peut qu'influer sur le prix de l'extérieur 4 o/o, qui actuellement est bien inférieur à ce qu'il vaut et qui produira, à partir de 1883, plus de 6 1/2 o/o par an, c'est-à-dire plus qu'aucun fonds d'État européen.

Et qu'on ne nous objecte pas que les événements extérieurs pourraient modifier cette situation. L'histoire est là pour répondre. Pendant la guerre de Crimée, en 1854-55 le 3 o/o espagnol atteignait 44. En 1870, au moment de la déclaration de la guerre Franco-Prussienne, l'extérieur était à 22 1/2. A l'époque du siège de Paris, on le négociait à Londres et à Madrid 4 et 5 o/o plus haut et il faisait 30 sitôt le renouvellement des affaires.

L'Espagne, par son effacement politique au point de vue international, est à l'abri de toute complication, tandis que sa position topographique ouvre un débouché inattendu à ses exportations.

Ad. R. CALZADO.

RENSEIGNEMENTS SUR LA CONVERSION

N° 1

PARITÉ entre le cours de l'**Extérieur 3 0/0** & l'**Extérieur 4 0/0**
jusqu'au 15 Août 1882.

On reçoit pour **$ 600** de rente **Extérieur 3 0/0**, égales à un capital nominal de **108,000** pesetas, à **44** 5/8, pesetas **48,195,** capital nominal. Une variation de **1** 0/0 sur l'**Extérieur 4 0/0**, équivaut à **2,2408** sur l'ancien **Extérieur.**

COURS DU 3 0/0 EXTÉRIEUR	COURS DU 4 0/0 EXTÉRIEUR NOUVEAU	COURS DU 3 0/0 EXTÉRIEUR	COURS DU 4 0/0 EXTÉRIEUR NOUVEAU
27 équivalant à	60.5042	**28** 1/2 équivalant à	63.8655
— 1/16 —	60.6442	— 9/16 —	64.0056
— 1/8 —	60.7843	— 5/8 —	64.1456
— 3/16 —	60.9243	— 11/16 —	64.2857
— 1/4 —	61.0644	— 3/4 —	64.4257
— 5/16 —	61.2044	— 13/16 —	64.5658
— 3/8 —	61.3445	— 7/8 —	64.7058
— 7/16 —	61.4815	— 15/16 —	64.8459
— 1/2 —	61.6246	**29**	64.9859
— 9/16 —	61.7647	— 1/16 —	65.1260
— 5/8 —	61.9047	— 1/8 —	65.2661
— 11/16 —	62.0448	— 3/16 —	65.4061
— 3/4 —	62.1848	— 1/4 —	65.5462
— 13/16 —	62.3249	— 5/16 —	65.6862
— 7/8 —	62.4649	— 3/4 —	65.8263
— 15/16 —	62.6050	— 7/16 —	65.9663
28	62.7450	— 1/2 —	66.1064
— 1/16 —	62.8851	— 9/16 —	66.2464
— 1/8 —	63.0252	— 5/8 —	66.3865
— 3/16 —	63.1652	— 11/16 —	66.5266
— 1/4 —	63.3053	— 3/4 —	66.2/3
— 5/16 —	63.4453	— 13/16 —	66.8067
— 3/8 —	63.5854	— 7/8 —	66.9467
— 7/16 —	63.7254	— 15/16 —	67.0868

ANCIENNE RENTE	4 0/0 NOUVEAU CAPITAL	RÉSIDUS	ANCIENNE RENTE	4 0/0 NOUVEAU CAPITAL	RÉSIDUS
On obtient pour $	FRANCS	FRANCS	On obtient pour $	FRANCS	FRANCS
6		481 95	144	11.000	566 80
12		963 90	150	12.000	48 75
18	1.000	445 85	156	12.000	530 70
24	1.000	927 80	162	13.000	12 65
30	2.000	409 75	168	13.000	494 60
36	2.000	891 70	174	13.000	976 35
42	3.000	373 65	180	14.000	458 50
48	3.000	855 60	186	14.000	940 45
54	4.000	337 55	192	15.000	422 40
60	4.000	819 50	198	15.000	904 35
66	5.000	301 45	204	16.000	386 30
72	5.000	783 40	210	16.000	868 25
78	6.000	265 35	216	17.000	350 20
84	6.000	747 30	222	17.000	832 15
90	7.000	229 25	228	18.000	314 10
96	7.000	711 20	498	40.000	1 85
102	8.000	193 15	996	80.000	3 70
108	8.000	675 10	1.494	120.000	5 55
114	9.000	157 05	1.992	160.000	7 40
120	9.000	639 »	2.490	200.000	9 25
126	10.000	120 95	2.988	240.000	11 10
132	10.000	602 90	3.486	280.000	12 95
138	11.000	84 85	3.324	267.000	» 30

Pour les acheteurs en Bourse de $ 1500 Extérieur 3 °/₀, il est indiqué de faire la conversion seulement pour $ 1494 et de vendre $ 6 Extérieur 3 °/₀.

Pour les acheteurs de $ 3000 Extérieur 3 °/₀, il est indiqué de faire la conversion seulement pour $ 2988 et de vendre les $ 12 Extérieur 3 °/₀ restantes.

Pour les acheteurs de $ 2400, il est indiqué d'acheter $ 90 Extérieur 3 °/₀ et de faire la conversion pour $ 2490, car on reçoit alors 8000 pesetas de rente et un résidu de 9 fr. 25 seulement. Pour avoir le moins de résidus possible, il faut faire la conversion par multiples de $ 3324 anciennes, parce qu'on reçoit seulement un résidu de 30 centimes, ou bien par multiples de $ 498 et on reçoit un résidu de 1 fr. 85 cent.

MULTIPLES DES FRACTIONS USITÉES EN BOURSE

RENTE (PIASTRES) Extérieur Ancien	CAPITAL (FRANCS) 4 0/0 Nouveau	RENTE (FRANCS) 4 0/0 Nouveau	RÉSIDUS (FRANCS)
	FRANCS		
300 équivalent à	24.097 50	960	97 50
600 —	48.195 »	1.220	195 »
900 —	72.292 50	2.880	292 50
1.200 —	96.390 »	3.840	390 .
1.500 —	120.487 50	4.800	487 50
1.800 —	144.585 »	5.760	585 »
2.100 —	168.682 50	6.720	682 50
2.400 —	192.780 »	7.680	780 .
2.700 —	216.877 50	8.640	877 50
3.000 —	240.975 »	9.600	975 .

La Maison Ad. R. CALZADO et Cie, 92, rue de Riche-
lieu, se charge de la commission, moyennant le courtage
ordinaire de 25 francs par $ 10,000, capital ancien.

PARIS. — IMPRIMERIE CHAIX, RUE BERGÈRE, 20. — 18126-2.